GRAND QUARTIER GÉNÉRAL

DES ARMÉES DE L'EST

ÉTAT-MAJOR — 3° BUREAU

INSTRUCTION

SUR LE COMBAT OFFENSIF

DES PETITES UNITÉS

PARIS

IMPRIMERIE NATIONALE

1916

GRAND
QUARTIER GÉNÉRAL
DES
ARMÉES DE L'EST.

Au G. Q. G., le 8 janvier 1916.

ÉTAT-MAJOR.
—
3ᵉ BUREAU.

2481.

INSTRUCTION

SUR LE COMBAT OFFENSIF

DES PETITES UNITÉS.

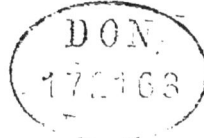

Le But de l'*Instruction sur le combat des petites unités* est de donner à l'Infanterie, d'après l'expérience acquise depuis le début de la campagne, les procédés de manœuvre et de combat appropriés à la nature des batailles que nous avons à livrer.

L'Instruction est divisée en deux parties : *Les Bases de l'Instruction* et *Les Procédés de Combat.*

La première partie rappelle les règles générales qui forment la base du dressage militaire d'une troupe. Elle indique en outre les principales caractéristiques de l'Infanterie, la physionomie générale de son action.

La deuxième partie détermine les procédés de combat des petites unités : Section, Compagnie, Bataillon, Régiment, Brigade.

PREMIÈRE PARTIE.

BASES DE L'INSTRUCTION.

Les Principes.

L'énergie est à la base de tout acte militaire. Elle s'entre-tient par l'effort. Elle vivifie les vertus guerrières : la *bravoure*, la *discipline*, l'*esprit de sacrifice*, la *solidarité*.

L'énergie donne l'ardeur et la ténacité nécessaires pour *combattre à fond* sous quelque forme que ce soit (offensive ou défensive).

L'effort maximum est obtenu *en agissant tous ensemble.*

C'est le principe de l'*union des forces.*

Le résultat maximum est obtenu *quand on attaque l'ennemi du fort au faible* et qu'il n'a pas le temps de prendre des dispositions pour parer. On doit donc rechercher la *surprise*, qui demande pour être réalisée le *secret* dans la préparation, la *vitesse* dans l'exécution.

Mais il faut, à l'inverse, éviter *toujours* d'être surpris. C'est le principe de la *sûreté.*

Le Chef.

L'action du Chef a une influence décisive sur la valeur de la troupe.

Le Chef doit : être instruit, donner l'exemple, commander.

L'Instruction. — Pour qui doit propager la confiance, le manque de savoir est néfaste, car il crée la timidité. Le Chef qui « sait son métier » ne demande à ses troupes que des efforts utiles, ne les use pas prématurément et ne risque pas, au combat, d'exposer inconsciemment des existences.

L'Exemple. — La troupe est le reflet de son Chef. Elle en est le juge le plus sévère, elle retient ses moindres paroles et guette son attitude. Elle ne demande qu'à pouvoir l'admirer et le suivre aveuglément. La belle tenue de la troupe au feu est la meilleure récompense du Chef.

Commander. — Le Chef entraîne sa troupe, parce qu'il sait en être le plus ardent; mais il en est aussi le maître, parce qu'il sait toujours garder l'œil clair et la raison froide. On ne doit rien lui cacher, et la troupe s'abandonne à lui de toute sa confiance. Commander ne consiste pas d'ailleurs seulement à donner des ordres, mais encore *à veiller à leur exécution.* C'est aussi avoir l'esprit toujours en éveil, *prévoir* les événements, pour donner à temps les instructions nécessaires et orienter constamment ses inférieurs.

L'autorité d'un Chef se fait tout d'abord sentir par la *discipline* de sa troupe : exécution des ordres, tenue, marques extérieures de respect, propreté, bon entretien des armes, correction de la manœuvre.

La troupe disciplinée se bat bien; au combat, la troupe indisciplinée échappe à ses Chefs, jette ses armes, se rend ou lâche pied.

L'activité d'esprit du Chef doit porter spécialement sur la recherche constante du renseignement, car pour commander, il faut être *renseigné.* Le Chef doit donc se placer au point où il peut être le mieux renseigné sur toute l'étendue du front occupé par ses troupes.

Enfin, lorsqu'un Chef a des renseignements, il doit les faire parvenir sans tarder à son supérieur immédiat et, s'il y a lieu, à ses voisins.

Propriétés de l'Infanterie.

Pour bien manier l'Infanterie, il est indispensable de la connaître à fond. Il faut savoir ce qu'on peut attendre d'elle, et ce qu'on ne doit pas lui demander.

Les caractéristiques principales de l'Infanterie sont actuellement les suivantes :

1° *L'Infanterie n'a, par elle-même, aucune puissance offensive contre les obstacles défendus par le feu et garnis de défenses accessoires.*

Lorsqu'une ligne est arrêtée par des organisations *intactes et occupées par l'ennemi,* le renforcement des tirailleurs par des troupes réservées n'a aucune chance de permettre l'enlèvement de la position : *il augmentera simplement les pertes.*

On ne doit donc jamais lancer une attaque *sans la faire précéder et accompagner par une action d'Artillerie efficace. On ne lutte pas avec des hommes contre du matériel.*

2° *L'Infanterie a une très grande puissance d'occupation du terrain.*

L'outil lui permet de s'abriter contre les coups.

La puissance de l'armement (fusil et mitrailleuse) donne la certitude à peu près complète d'arrêter une attaque non préparée par l'Artillerie.

L'emploi d'un obstacle (défenses accessoires) qui maintient l'ennemi sous les feux, de front et surtout d'enfilade, permet de se contenter de champs de tir réduits.

L'Infanterie peut donc occuper, à proximité de l'ennemi, des positions qui paraîtraient *a priori* défavorables. Si elle dispose de quelques heures pour creuser le sol et tendre ses défenses accessoires, elle doit être assurée de conserver le terrain conquis.

3° *L'Infanterie s'use rapidement.*

La progression dans la guerre de positions est soumise à des difficultés de toute nature. D'une part, le bouleversement du terrain, — tranchées, boyaux, entonnoirs, etc., — rend le maintien de l'ordre extrêmement difficile. D'autre part, les surprises incessantes produites par le feu, — barrages d'Artillerie, tirs de mitrailleuses d'enfilade ou d'écharpe, grenades, etc., — contribuent à la désorganisation des unités.

On évitera donc, aussi bien au début qu'au cours d'une action offensive, de donner trop de densité à la ligne de combat. Lorsque des vides s'y produisent, il faut la renforcer avec tact, mais *se garder de l'« entassement »* qui augmente le désordre et les pertes.

Lorsqu'une troupe a été particulièrement éprouvée, il est préférable, quand on le peut, et si l'on a un nouvel effort à demander, de la relever par des unités fraîches. On évite ainsi sa désagrégation totale sans rendement proportionné.

4° *L'Infanterie ne doit pas manœuvrer en formations denses.*

Dans toute la zone d'action de l'Artillerie, les colonnes par 4, lignes de sections par 4, sont à proscrire entièrement.

5° *L'Infanterie a un moral extrêmement sensible.*

Une opération ne se prépare pas seulement au point de vue matériel, elle se prépare encore et surtout moralement.

Cette préparation est effectuée par le Chef dans les visites journalières qu'il fait à ses hommes.

Physionomie du Combat d'Infanterie.

Que l'Infanterie ait à combattre :

Dans une offensive contre les lignes organisées de longue date par l'ennemi,

Dans chacun des actes partiels de la bataille,

Dans un combat de rencontre de la guerre de mouvement,

Son action se présente toujours sous la forme de l'« attaque d'une position ».

L'Artillerie dévaste, l'Infanterie submerge.

L'acte principal de l'Infanterie est l'assaut. Toute la tactique de l'Infanterie se ramène à :

La préparation de l'assaut,

L'exécution de l'assaut,

L'exploitation à outrance du succès.

Ces opérations sont répétées successivement plusieurs fois au cours du même combat; elles se traduisent en un petit nombre d'actes très simples qui doivent passer dans l'instinct de chaque fantassin.

I. — LA PRÉPARATION DE L'ASSAUT.

La préparation comporte :

1° L'approche de la position ennemie à distance d'assaut;

2° L'organisation de la ligne de départ d'assaut.

L'approche. — L'approche consiste à porter une ligne d'assaut bien ordonnée au contact de l'ennemi.

Dans la situation actuelle, l'approche est réalisée depuis de longs mois. Il suffit, si cela n'est déjà fait, de porter la parallèle de départ à distance d'assaut, 100 à 200 mètres.

Au cours des actions qui suivront l'assaut, on devra effectuer l'approche soit de la 2ᵉ position ennemie, soit de toute autre position située plus en arrière.

L'approche sera, de même, un des problèmes constants de la guerre de mouvement.

Cette marche d'approche sera exécutée en lignes minces ou en lignes de petites colonnes, se portant en avant par bonds successifs, avec ordre et rapidité, *sous la protection de l'Artillerie*.

Le but serait, théoriquement, que l'Infanterie, sous la protection d'un feu bien réglé d'Artillerie, pût arriver en ordre à distance d'assaut et donner l'assaut sans avoir à tirer.

Mais, le plus souvent, au fur et à mesure qu'on s'approche de l'ennemi, le mouvement devient plus lent, plus pénible. Au mouvement d'ensemble succèdent des bonds par groupes (section, demi-section). Parfois même, les tirailleurs reforment la chaîne sur une ligne plus avancée, en utilisant de proche en proche un cheminement.

Lorsque l'Infanterie est bien dressée, le feu n'est ouvert qu'à courte distance, quand le tirailleur peut voir et ajuster.

Les officiers, les gradés, sont l'âme de la progression : par leur détermination, leur éducation militaire, ils surmontent la tendance à l'inertie et l'angoisse de paraître à découvert ; ce sont eux qui amorcent les tentatives de mouvement avec la poignée d'hommes qui les entourent immédiatement.

L'organisation de la ligne de départ d'assaut. — La ligne de départ d'assaut est constituée par les abris creusés par les hommes de la première ligne. Lorsqu'on n'a pas pu s'approcher le jour à distance d'assaut, la ligne de départ d'assaut est portée au commencement de la nuit sur son emplacement définitif. Des abris sont organisés, non seulement pour les troupes de la première ligne, mais pour les réserves.

II. — L'ASSAUT.

L'intensité des efforts demandés aux troupes d'assaut, les attaques successives qu'elles auront à fournir, nécessitent un dispositif en profondeur. Les divers « échelons » ainsi constitués ont pris le nom de « vagues », mais ce terme n'implique nullement une formation uniforme : les premières vagues (en général la première et la deuxième) sont en ligne ; les suivantes sont dans des formations différentes, par exemple en ligne de petites colonnes.

Afin, d'autre part, que le commandement à tous les échelons puisse s'exercer facilement, les vagues sont constituées par l'accolement d'unités tactiques formées elles-mêmes en profondeur et non entièrement déployées. C'est ainsi qu'une compagnie, qu'un bataillon feront partie de plusieurs vagues successives.

La formation d'assaut n'est donc pas constituée par l'échelonnement de lignes rigides capables de pousser uniquement droit devant elles, mais au contraire par la juxtaposition d'unités tactiques susceptibles d'être dirigées et même de manœuvrer.

Les vagues serrent les unes sur les autres à proximité de la ligne de départ. Elles s'élancent à courte distance l'une de l'autre, de façon à pouvoir franchir en très peu de temps la zone des tirs de barrage de l'adversaire.

Toutefois, ces vagues ne doivent pas venir déferler automatiquement sur la vague de tête, car un tel mouvement n'aurait d'autre effet que de donner à la chaîne une densité exagérée, d'augmenter les pertes et de mélanger les unités.

A cet effet, quand la première vague a franchi la première ligne ennemie, elle continue sa course vers l'objectif qui lui a été assigné. Les autres la suivent en bon ordre. Elles sont engagées successivement, d'après les besoins, par les commandants des diverses unités.

III. — L'EXPLOITATION DU SUCCÈS.

a) L'assaut est suivi d'une lutte à l'intérieur de la position.

Sur certains points, l'ennemi cède ; ailleurs, des groupes résistent avec acharnement.

Les assaillants, réunis autour des chefs qui restent, s'engouffrent dans les brèches et cernent les noyaux de résistance.

Dès l'enlèvement d'une tranchée, l'attaque s'arrête tout juste le temps nécessaire pour se regrouper, puis les noyaux d'assaillants se précipitent dans les espaces qui s'ouvrent devant eux. Leur audace fait leur force.

Ces combats épars amènent les groupes au contact d'une nouvelle ligne de défense adverse. Si celle-ci est occupée, ils se retranchent afin de former pour d'autres une ligne de départ d'assaut.

L'attaque de la nouvelle position reprend comme précédemment avec de nouvelles troupes.

Si l'attaque n'a pour but que la prise d'une position déterminée, la ligne de combat occupe la position et se retranche en ne poussant au delà que des éléments avancés. Les réserves se rapprochent, pour assurer l'occupation du terrain conquis.

Parfois l'attaque, désorganisée par la lutte, privée du plus grand nombre de ses officiers, est prise à partie par des retours offensifs convergents ; alors elle a une tendance à refluer.

Le terrain gagné doit être âprement défendu, *on ne recule plus.*

Les groupes se logent et se retranchent sur les points du terrain où ils peuvent défier toutes les attaques.

Cernés, ils résistent jusqu'à épuisement complet. D'ailleurs, les premières vagues sont immédiatement suivies par une ligne puissante de mitrailleuses et appuyées par les réserves.

b) Continuation de la lutte pendant la nuit.

La nuit qui succède à une journée d'attaque provoque généralement une détente dont l'ennemi profite pour se retrancher et se renforcer hâtivement.

L'assaillant a donc intérêt à utiliser l'obscurité pour poursuivre ses avantages, progresser méthodiquement partout où l'ennemi cède, et chercher à enlever les organisations adverses avant qu'elles aient été consolidées.

Une attaque de nuit ne peut avoir lieu que si l'on se trouve au contact d'organisations en partie détruites, peu solides ou encore occupées par des troupes démoralisées.

Toutes les fois que l'on se heurte à des tranchées intactes et bien établies, garnies par des défenseurs non ébranlés, il est nécessaire de faire précéder l'attaque par une préparation d'Artillerie efficace. Dans ce cas, la nuit est mise à profit pour activer le placement des moyens et même pour commencer la préparation à l'aide des engins de tranchées.

En raison des difficultés de la progression nocturne en

terrain inconnu, les attaques de nuit n'auront jamais un objectif éloigné. Elles se limiteront généralement à l'enlèvement d'un point ou d'une ligne de tranchées bien définis.

Une connaissance approfondie du terrain étant indispensable, on ne peut songer à faire exécuter des attaques par des troupes arrivées de nuit sur leur terrain d'action et n'ayant pu faire de jour les reconnaissances nécessaires.

Les attaques de nuit sont l'œuvre directe des colonels et chefs de bataillon, car, en raison de la difficulté des communications et du mélange des unités, l'action des commandants de brigade et de division se fait difficilement sentir.

Les troupes qui ont mené l'attaque pendant la journée doivent tout d'abord être remises en ordre ; c'est le rôle des chefs qui, en parcourant le front, exécutent les reconnaissances nécessaires et apportent à tous le réconfort de leur présence.

La préparation de l'attaque, la réunion du matériel nécessaire, le placement des troupes sont effectués d'après les procédés habituels.

Lorsque la préparation est terminée, la ligne d'Infanterie s'élance à la baïonnette sans tirer.

La tranchée enlevée est immédiatement retournée, on lance des fusées éclairantes pour reconnaître le terrain en avant et l'on porte une grande attention sur ses flancs.

Il est bien entendu qu'une solide garnison est toujours laissée dans la tranchée de départ, qui est aussitôt réunie par boyaux à la tranchée conquise.

L'ordre et le silence sont indispensables à la réussite de toute opération de nuit.

Si l'ensemble de ces conditions ne peut être réalisé, il est préférable de renoncer à l'attaque.

IIᴱ PARTIE.

PROCÉDÉS DE COMBAT.

Particularités du Combat offensif.

Emploi des Mitrailleuses.
(Note n° 13.251 du 24 Novembre 1915.)

Règles spéciales relatives à l'organisation de l'attaque contre des organisations fortifiées. établies de longue date par l'ennemi.
(Note n° 5779 du 16 Avril 1915 [1].)

Liaisons.
(Note n° 1698 du 4 Décembre 1915.)

En ce qui concerne la liaison de l'Infanterie et de l'Artillerie, il est nécessaire que l'Infanterie d'attaque renseigne l'Artillerie de façon précise sur *sa situation* et la nature des obstacles qui l'arrêtent. Il arrive souvent que, si une Artillerie n'appuie pas efficacement son Infanterie, c'est parce que cette dernière ne sait pas lui demander exactement ce qu'elle attend d'elle.

L'observation.

L'observation de l'ennemi est une des sources principales de renseignements ; elle doit être organisée en permanence à tous les échelons.

Il n'est pas donné à tout le monde de savoir observer. Certains y sont plus aptes que d'autres ; l'aptitude se développe par l'exercice. *Le dressage de bons observateurs est, dans l'Infanterie, une tâche des plus importantes.*

L'observation n'est possible, dans de bonnes conditions, que si elle est faite à l'insu de l'ennemi; les observateurs doivent donc se dissimuler par tous les moyens.

[1] Sera refondue incessamment.

2..

Il faut non seulement que les observateurs *sachent* voir, mais qu'ils aient encore la ténacité, la patience de l'observation.

La forme actuelle de la guerre permet le dressage d'observateurs *passionnés*. Le soin de ce dressage incombe au capitaine, qui contrôle tous les jours le service de ses observateurs [1].

Chaque section doit disposer au minimum de 6 observateurs. 2 accompagnent et secondent le chef de section, les 4 autres peuvent servir d'éclaireurs.

Les agents de liaison du capitaine et du chef de bataillon leur servent d'observateurs. Ils se partagent le terrain à surveiller, observant les mouvements de l'ennemi, de nos troupes et les signaux.

A tous les échelons, le Chef indique sans retard à ses supérieurs et à l'Artillerie les points qui fournissent une bonne vue sur le terrain environnant.

Nettoyage des tranchées. — Le nettoyage des tranchées est organisé, en principe, par les chefs de bataillon de première ligne et parfois par les colonels, à l'aide de fractions constituées (sections, pelotons ou même compagnies) solidement encadrées [2].

(Il est mauvais d'employer à ce service des détachements de volontaires, qui pourraient abandonner rapidement leur mission pour se livrer au pillage.)

Ce travail doit être conduit d'après un plan arrêté d'avance et la ferme volonté d'obtenir un résultat rapide, la résistance des groupes ennemis isolés causant souvent des pertes plus fortes que l'assaut même.

Les hommes employés au nettoyage devront être exercés au maniement de leurs armes et engins spéciaux: brownings, couteaux, grenades, fusils de chasse, etc.

OBSERVATION D'ENSEMBLE.

La présente Instruction a pour but de compléter nos règlements, en ce qui concerne les principaux cas que peut présenter : soit l'*assaut* d'une position fortifiée, soit le *combat* dans l'intérieur de cette position, soit la reprise de la *guerre de mouvement*.

Elle étudie donc l'*approche*, l'*assaut*, l'*exploitation du succès*, l'*occupation du terrain conquis*.

---

[1] Dans la période de stationnement, il est bon de leur faire noter leurs observations.

[2] Il y a intérêt à leur donner un insigne permettant de les distinguer de façon très apparente.

Mais il doit demeurer entendu :

Que ces diverses phases du combat peuvent se présenter dans un ordre quelconque et que, notamment, dans la situation actuelle, l'action débute par l'assaut.

Qu'à partir du moment où une Infanterie se trouve sous un feu réellement efficace, elle ne progresse plus, l'expérience l'a montré nettement, que si l'Artillerie lui a ouvert la voie.

LA SECTION ET LE GROUPE.

Le combat n'est pas, en général, conduit jusqu'au bout par des unités régulières ; les incidents de la lutte, les exigences du terrain créent des *groupements momentanés* de combat, dont la force et l'encadrement sont extrêmement variables.

La moindre poignée de tirailleurs doit toujours avoir son Chef ; qu'il soit gradé ou simple soldat, il doit surgir spontanément pour prendre la direction de ses camarades, les porter en avant quand ils hésitent, les accrocher au terrain s'ils refluent.

Ces groupements momentanés se déploient, progressent, exécutent des feux, de la même manière que les unités régulières ; c'est pourquoi la tactique de détail des petites unités doit s'appliquer à eux comme aux unités organisées.

L'unité régulière de combat est la section. Tout ce qui sera dit ci-après pour la section s'applique au groupe, quel que soit son effectif.

ENCADREMENT.

La section est commandée par un chef secondé par deux chefs de demi-section serre-files.

Le chef de section guide sa troupe ; il ne la regarde que dans les moments critiques, il n'a d'yeux que pour l'ennemi.

La troupe est liée à son Chef, qui reste en toutes circonstances le signal de ralliement : elle se règle sur son attitude ou son allure.

Dans les moments d'arrêt, lorsque le feu est ouvert, le chef de section se tient sur la ligne même des tirailleurs ou un peu en arrière. Aux petites distances, le chef de section s'abstient des gestes inutiles qui le désignent à l'ennemi.

Les serre-files sont les auxiliaires indispensables du chef de section. Ils se tiennent derrière la section pour assurer l'exécution des ordres du Chef. Ils sont responsables de la troupe vis-à-vis du Chef. Ils en prennent sans ordres la direction toutes les fois que le Chef s'éloigne pour ses reconnaissances. Le nombre des serre-files ne doit jamais être inférieur à deux. En cas de mise hors de combat, les fonctions de serre-files sont remplies par des caporaux ou des soldats.

FORMATIONS.

Formation d'approche. — Lorsque la section n'est pas en butte au feu de l'Infanterie, elle se forme avantageusement en ligne d'escouades par un ou en ligne de demi-section par un ou par deux.

Ces formations permettent une marche facile à travers un terrain parsemé d'obstacles ; elles sont peu vulnérables par l'Artillerie.

Sur le champ de bataille ou dans la zone d'action habituelle du canon ennemi, les colonnes par 4 sont à proscrire absolument.

Formation de combat. — La formation de combat est la ligne de tirailleurs. L'intervalle normal entre les tirailleurs est de deux pas. Exceptionnellement, et pour traverser certains espaces battus, l'intervalle peut être augmenté.

COMBAT.

Avant le combat, le Chef indique à toute sa section le point de direction. Au cours de la progression, il règle la longueur et la fréquence des bonds, de manière que sa troupe soit toujours en ordre et en état de combattre. Il profite de tous les couverts pour réorganiser sa troupe et la remettre en main (mouvements d'ordre serré, au besoin).

La section combat avec le fusil, la baïonnette et la grenade.

PROGRESSION.

La progression au combat s'exécute :

au pas sans arrêts,
par bonds de grande amplitude, au pas gymnastique,
par bonds courts, à toutes jambes,
par infiltration.

1° Tant que le mouvement est protégé par des rafales puissantes d'Artillerie, aux grandes et aux moyennes distances, la ligne de tirailleurs marche au pas sans arrêts, ou bien elle exécute des bonds de grande amplitude au pas gymnastique. Les serre-files la maintiennent alors strictement alignée et particulièrement dans les moments critiques (feux d'Artillerie).

Pendant les arrêts, toute considération d'intervalle et

d'alignement disparaît devant la nécessité d'utiliser parfaitement le terrain.

2° Sous le feu d'Infanterie, la traversée des espaces découverts s'exécute par bonds rapides et courts. Dans le combat rapproché, éviter de bondir sans avoir prévu où l'on se portera ; l'indiquer aux tirailleurs au préalable.

3° *Lorsque le mouvement peut s'exécuter à couvert, la chaîne peut se glisser dans une nouvelle position par infiltration, le mouvement s'exécutant de proche en proche. Mais la traversée des espaces* **découverts** *par des isolés ou des petits paquets est à condamner au combat.*

ASSAUT.

L'assaut est en général une action d'ensemble qui s'exécute sous la protection de rafales puissantes d'Artillerie. *La troupe d'attaque devra aborder l'ennemi d'un seul élan.*

Au cours de la lutte qui le suivra, des groupes de tirailleurs déterminés auront également l'occasion de donner l'assaut. Le mouvement d'une poignée de braves peut avoir une répercussion considérable ; il suffit parfois à provoquer le déclenchement d'une chaîne qui avait tendance à se fixer.

Lorsqu'un groupe a réussi à gagner un abri à petite distance de l'ennemi, le Chef de groupe fait mettre la baïonnette que l'on dissimule, tout le monde se prépare à surgir d'un seul mouvement. Une volée de grenades est lancée sur l'adversaire ; dès qu'elles ont éclaté, le groupe se dresse et se précipite baïonnette basse.

Dès qu'une section s'est emparée d'une tranchée ou d'un point d'appui ennemis, si la mission est de continuer la marche en avant, elle doit être au préalable rapidement remise en ordre.

Lorsque la section ne doit pas continuer la marche en avant, le point d'appui est organisé immédiatement. On ne doit l'abandonner sous aucun prétexte, même si on est tourné. En cas de contre-attaque ennemie, c'est toujours la résistance acharnée de petits éléments qui permet d'enrayer l'attaque adverse et de reprendre l'offensive.

LES FEUX.

Les feux sont conduits par section ou par demi-section ; ils sont éventuellement employés dans l'offensive pour compléter la préparation insuffisante de l'Artillerie ou pour agir sur des troupes découvertes. Contre des troupes abritées, on ne tire qu'à courte distance.

Le *feu à volonté* est le feu *normal* du combat ; il reste

toujours un feu strictement individuel. Chaque tirailleur guette l'adversaire qu'il a choisi dans l'objectif du groupe, il ne tire qu'au moment opportun; quand il y a lieu, il change d'objectif de sa propre initiative.

Le feu par salves est un feu de discipline. Il s'exécute pour réprimer les tirailleries désordonnées, de nuit ou après un assaut, au début d'un feu de poursuite. Le feu à volonté n'est déclenché qu'après l'exécution correcte des salves.

Les tirailleurs doivent être familiarisés avec l'exécution rapide et silencieuse de feux de surprise.

Le feu de surprise est un feu à volonté exécuté sous la forme d'une rafale subite et intense. La soudaineté, jointe aux effets meurtriers de cette fusillade, peut produire chez l'adversaire une démoralisation complète.

Lorsque le Chef d'un groupe saisit une occasion favorable pour infliger à l'adversaire une surprise par le feu, il donne les indications de hausse, d'objectif, fait préparer les armes sans bruit et porte son groupe, s'il y a lieu, sur l'emplacement de tir. Chaque homme reconnaît rapidement l'objectif et le couche en joue. Le feu est aussitôt déclenché.

Afin d'éviter des pertes inutiles ou la tendance à la tiraillerie, le Chef de groupe ne fait souvent tirer qu'une partie de ses hommes. Il désigne les meilleurs tireurs et les tirailleurs bien embusqués, dont le feu est calme, précis et implacable.

Le chef de groupe est le maître du feu; il conserve strictement le droit de faire commencer ou cesser le feu.

Il est nécessaire, dans l'attaque, d'obtenir la cessation instantanée du feu pour reprendre le mouvement; dans ce but, le Chef de groupe qui ne peut se faire entendre se lève et se porte en avant.

COMBAT DANS LES BOYAUX.

La lutte sur des terrains parsemés de tranchées conduit souvent des groupes de tirailleurs à progresser par les boyaux.

Le combat dans les boyaux est extrêmement rude et lent, parce qu'on ne peut engager qu'un homme de front et que l'ennemi recule pas à pas.

L'arme de cette lutte est la grenade.

Les dispositions à prendre par tout Chef de tirailleurs sont :

Placer en tête un petit groupe d'hommes intrépides;

Organiser rapidement une chaîne de ravitaillement en grenades ;

Se préparer à barrer le terrain conquis.

Pour avoir la supériorité, il faut, en outre, être largement approvisionné en grenades.

Le procédé suivant est à recommander :

Le groupe de tête se compose, en général, du Chef de groupe et de trois hommes. Le premier homme, armé d'un fusil ou d'un revolver, se tient prêt à interdire le passage. Les deux autres sont des grenadiers : ils lancent des grenades sans interruption, l'un sur la barricade de l'ennemi, l'autre le plus loin possible, afin de gêner le ravitaillement en grenades. Les barrages de sacs à terre sont éventrés à coups de grenades.

La chaîne de ravitaillement se compose d'hommes éloignés de six pas, afin de pouvoir courir librement, pour se garer des grenades.

Plus en arrière, une autre fraction remplit rapidement des sacs à terre, afin de permettre l'exécution rapide d'un barrage.

On garde le plus profond silence et on observe attentivement tous les bruits qui viennent de l'ennemi. Quand le groupe de tête juge que l'ennemi est accablé, un homme se glisse en rampant dans la fumée, jette un coup d'œil au tournant et fait signe à ses camarades. Ainsi on progresse, de tournant en tournant ou de traverse en traverse.

La section doit être exercée à effectuer de petites attaques en combinant l'emploi du fusil, de la grenade et de la baïonnette.

LA COMPAGNIE.

FORMATIONS.

1° *Formation d'approche :* La formation la plus habituelle est la **colonne double**, à distance et à intervalle variables.

Les sections en ligne d'escouade (par un) ou de demi-section (par deux ou par un).

La compagnie peut également employer la ligne de demi-section (par un ou par deux).

2° *Formation de combat :* En lignes de tirailleurs. (Le nombre des sections de renfort est variable.) La compagnie se trouvant au début **formée en profondeur**, le capitaine reste à même de faire sentir son action.

PLACE DU CHEF.

Tant que la compagnie n'est pas engagée, le capitaine se tient en tête.

Dès que la compagnie est engagée, le capitaine se tient entre ses sections de première ligne et sa ou ses sections de renfort, mais à proximité de la chaîne, de façon à pouvoir suivre tous ses mouvements et à la pousser au besoin.

Lorsque toutes les sections sont engagées, il se tient à l'endroit d'où il peut le mieux actionner le mouvement.

Le capitaine a toujours près de lui un agent de liaison par section et, pour l'ensemble de la compagnie, un fourrier, si possible un clairon. (*Ces agents de liaison doivent être en même temps des observateurs.*)

COMBAT.

1° Ordre d'engagement.

Le capitaine indique :

L'objectif, la mission ;

La formation (et les renseignements complémentaires nécessaires : formation intérieure des sections, intervalles et distances, direction, unité de base) ;

Sa place et celle du chef de bataillon.

Il ajoute les indications relatives à :

La couverture des flancs ;

L'heure ou le signal du départ ;

Éventuellement, la mission des nettoyeurs de tranchées.

2° Approche.

Dès que la compagnie quitte la colonne de route, elle prend la formation d'approche.

Dès que le feu d'Artillerie devient efficace, et en tout cas dès qu'elle entre dans la zone des feux d'Infanterie, elle prend la formation de combat. Toutefois, dans les terrains difficiles ou couverts, on peut conserver la formation en petites colonnes.

Les lignes de terrain particulièrement dangereuses (routes, lisières) sont franchies par surprise (par compagnies entières). Dans ce cas, les dernières unités serrent sur la tête, qui s'arrête ; les distances sont reprises ensuite.

Le capitaine s'efforce de pousser la ligne de combat aussi près que possible de l'adversaire.

Il apporte une grande attention au maintien de l'ordre dans ses sections de renfort et profite de toutes les circonstances pour les reprendre en mains. Il les engage aussitôt qu'il juge leur appui nécessaire pour assurer la continuation du mouvement en avant.

Lorsqu'il n'a plus la possibilité de se déplacer sous un feu efficace pour donner ses ordres, il essaie de gagner le groupe le plus favorisé par le terrain et le pousse en avant.

Il amorce ainsi le mouvement de sa compagnie, qu'il continue à commander, ne fût-ce que par le geste.

3° Assaut.

Dans un dispositif d'assaut pris dans des tranchées de départ, *la compagnie en dispositif habituel de combat fait partie normalement des première et deuxième vagues.*

Dans un assaut qui suit une progression, lorsque la compagnie a déjà été fortement amoindrie, la compagnie peut se trouver donner l'assaut sur une seule ligne.

4° Exploitation du succès.

Dès qu'un commandant de compagnie a réussi à pénétrer dans la position ennemie, il s'efforce de la désagréger; il pousse certains groupes dans les vides, tandis que d'autres reçoivent pour mission de prendre les résistances à revers. Ces groupes complètent l'action des nettoyeurs de tranchées; ils regagnent leur compagnie au plus tôt.

D'une façon générale, les compagnies se rallient en marchant et en continuant à combattre. Les hommes s'efforcent de rejoindre dans la mêlée les gradés de leur compagnie encore debout. Ces gradés reforment une ligne de tirailleurs. Ainsi la remise en ordre s'opère, autant que possible, par un regroupement des noyaux de compagnie.

Dès qu'il perd le contact de l'ennemi, le capitaine se fait immédiatement et rapidement précéder par des groupes d'éclaireurs ou par une fraction constituée; il les appuie au plus près. Il importe d'agir vite [1] : l'envoi de ces éléments n'a d'autre but que de se garder contre des surprises; la reconnaissance de la nouvelle position ennemie se fait par la progression même de la ligne de combat.

5° Conservation du terrain conquis.

Lorsque la compagnie est arrêtée par un obstacle qui interdit toute progression, le premier soin du capitaine doit être de s'organiser solidement, à une distance de la ligne ennemie permettant à l'Artillerie d'effectuer la préparation. Cette installation doit réaliser la sûreté des flancs et, dans la mesure du possible, le flanquement du front (mitrailleuses).

Pendant le jour on est généralement forcé de creuser le sol là où l'on s'est arrêté. Dès la tombée de la nuit, le tracé de la ligne est amélioré, le fil de fer placé, les flanquements organisés. Le capitaine remet de l'ordre dans ses unités, se reconstitue une fraction disponible, s'il n'en a pas déjà. Il établit *soigneusement sa liaison avec les unités voisines.* En arrière de la ligne continue créée par les unités

[1] La reconnaissance ne comporte effectivement pas, dans ce cas, les tâtonnements inévitables d'une prise de contact dans la guerre de mouvement.

de 1re ligne, les unités de renfort créent des points d'appui, constitués par des ouvrages fermés, entourés de fil de fer et se flanquant.

La recherche d'emplacements donnant de bonnes vues sur la position ennemie est de la plus haute importance. Les vues de flanc sont particulièrement intéressantes. Les observatoires sont signalés *sans retard* au commandement qui les fait connaître à l'Artillerie.

Pour faciliter la rédaction rapide des Comptes rendus, tous les commandants de compagnie et les chefs de section sont dotés d'un certain nombre de croquis du terrain d'action de la compagnie et de blocs-notes portant des renseignements imprimés.

6° Particularités relatives aux compagnies de 2e ligne.

Les chefs de ces compagnies doivent avoir pour préoccupation constante la *couverture des flancs des compagnies qui les précèdent.* Celles-ci, étant ainsi débarrassées de ce souci, pourront consacrer tous leurs efforts à la marche en avant.

Les chefs de ces compagnies s'occupent, en outre, de faire rallier tous les renforts des compagnies qui précèdent.

Enfin, ils ne doivent pas hésiter à s'engager d'eux-mêmes, sans ordres, en cas de nécessité : couverture d'un flanc, exploitation d'un succès, arrêt d'une contre-attaque, etc.

LE BATAILLON.

FORMATION.

La formation du bataillon *en profondeur* s'impose en toutes circonstances.

La formation habituelle du bataillon, notamment pour les bataillons d'assaut est la *colonne double* (sections en tirailleurs ou en lignes de colonnes).

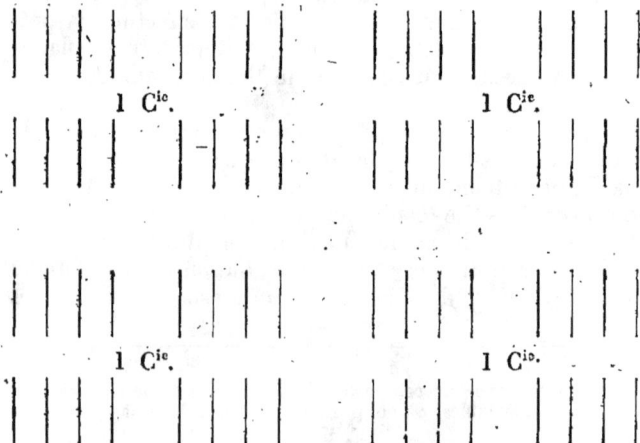

Dans certains cas, on pourra être amené à placer 3 compagnies en 1ʳᵉ ligne et une seule en 2ᵉ ligne; mais il sera toujours avantageux de ne pas donner au bataillon un front trop étendu, afin de faciliter le commandement.

Un bataillon d'une troupe d'assaut fera donc généralement partie de 4 vagues successives.

PLACE DU CHEF.

Jusqu'au moment de l'engagement, le Chef devance son bataillon.

Quand un bataillon est engagé en 1ʳᵉ ligne, le commandant marche derrière ses compagnies de 1ʳᵉ ligne, c'est-à-dire en tête de ses compagnies de 2ᵉ ligne (3ᵉ vague de l'assaut). Au cours du combat, il se tiendra, d'une manière générale, au point où il peut le mieux voir et être renseigné.

AGENTS DE LIAISON.

Le groupe des agents de liaison est sous l'autorité de l'adjudant de bataillon, qui a notamment mission d'organiser la surveillance constante du champ de bataille.

En dehors des agents de liaison des compagnies, ce groupe comprend les téléphonistes et signaleurs (appareils optiques, fanions, fusées, etc.).

Les agents de liaison sont porteurs d'un outil; ils sont chargés de la construction de l'abri du chef de bataillon.

PLAN D'ENGAGEMENT.

Le plan d'engagement du chef de bataillon consiste essentiellement :

A déterminer le dispositif de départ du bataillon ;

A donner à chaque compagnie sa direction, sa mission, ses objectifs ;

A organiser les liaisons;

A assurer la couverture des flancs;

A régler l'emploi des mitrailleuses qui lui sont affectées;

A régler l'emploi des nettoyeurs de tranchées;

A indiquer la place où il se tiendra et celle du colonel;

A indiquer l'heure ou le signal du départ.

Le chef de bataillon doit en outre avoir mûrement réfléchi aux conditions dans lesquelles le mouvement pourra s'exécuter, et *envisagé les diverses éventualités susceptibles de se produire.*

Tandis que la compagnie n'a généralement qu'à marcher droit sur son objectif, le bataillon au contraire peut avoir, dès le début ou en cours d'opérations, à effectuer une manœuvre. Celle-ci n'a généralement qu'une amplitude limitée, mais elle doit être soigneusement organisée dans les plus petits détails, les rôles bien distribués. (Il y a toujours intérêt, quand c'est possible, à faire une répétition préalable.)

LE COMBAT.

Rôle du chef de bataillon. — Le chef de bataillon porte spécialement son attention sur les points suivants :

1° *La progression.* — Surveiller le mouvement des compagnies de 1re ligne; ne pas le laisser se ralentir prématurément.

2° *L'ordre.* — Veiller très attentivement au maintien de l'ordre dans les unités de 2e ligne. A chaque arrêt, dans le développement du combat, réorganiser les unités, se reconstituer des unités disponibles, de façon à pouvoir toujours intervenir dans la lutte.

3° *Les liaisons.* — Maintenir constamment les liaisons avec ses unités de 1re ligne; avec les bataillons voisins.

Connaître à tout instant la situation exacte des compagnies engagées, leurs besoins, la nature des difficultés qu'elles rencontrent.

L'observation. — *La combinaison des liaisons et de l'observation* donne au chef de bataillon les renseignements qui lui sont nécessaires. Il les transmet sans retard au colonel.

4° *La sûreté.* — Prévoir les contre-attaques possibles. Couvrir les flancs : il faut être en mesure d'éventer et d'arrêter net toute menace contre les flancs. Il est paré à ces nécessités par l'emploi des unités disponibles pouvant agir instantanément dans les directions menacées et celui des mitrailleuses qui suivront les progrès de l'attaque, de position en position, en surveillance ou en action sur les zones dangereuses.

ENGAGEMENT DES COMPAGNIES DE 2e LIGNE.

Le chef de bataillon ordonne l'engagement de tout ou partie de ses unités disponibles pour assurer la continuation du mouvement en avant. Ces unités ne doivent pas lui échapper pour aller se fondre d'elles-mêmes sur la 1re ligne et en augmenter ainsi la densité et le désordre [1].

Ce danger est principalement à éviter, lorsque la ligne de combat est nettement arrêtée devant un point d'appui ennemi. Dans ce cas, le renforcement ne produit souvent

---

[1] L'engagement sans ordres des compagnies de 2e ligne ne correspond qu'à une *nécessité* urgente. (Voir page 18.)

aucun résultat. On manœuvrera donc par les flancs toutes les fois qu'il sera possible. En tout cas, il importe de se faire *rapidement* une idée de la situation, de prendre une résolution et de l'exécuter sans tarder.

Il peut être avantageux, dans ce but, d'orienter au préalable une partie des unités de 2ᵉ ligne derrière les ailes des compagnies de 1ʳᵉ ligne, avec mission donnée à l'avance de chercher le flanc de l'ennemi en cas d'arrêt.

Le combat conduit ainsi à une dépense très rapide des réserves; *il convient donc de se reconstituer des troupes disponibles à chaque occasion favorable.*

CONTRE-ATTAQUES DE L'ENNEMI.

Les réserves à la disposition du chef de bataillon doivent être en mesure de parer à un fléchissement accidentel de la ligne de combat, notamment en cas de contre-attaque.

Ce mouvement sera arrêté par des unités en ordre, bien postées, susceptibles de fournir instantanément un feu puissant.

Le maintien en arrière de la ligne de combat d'éléments relativement en ordre, suffisamment commandés, pourvus de mitrailleuses, choisissant leurs emplacements, pouvant travailler à l'organisation de ces emplacements dans des conditions meilleures qu'en 1ʳᵉ ligne, constitue le meilleur moyen d'arrêter sûrement les contre-attaques. Le chef de bataillon devra poursuivre la réalisation de ce dispositif dans tous les cas. Il n'est pas nécessaire que l'effectif des troupes consacrées à cette mission soit très élevé : de petites fractions peu nombreuses, *principalement des mitrailleuses,* suffiront généralement.

OCCUPATION DU TERRAIN CONQUIS.

Lorsque le bataillon est arrêté devant une organisation ennemie intacte, il y a lieu, comme pour la compagnie :

De s'organiser, en flanquant le front, en couvrant les flancs;

D'assurer de bonnes liaisons avec les bataillons voisins, et le commandement en arrière.

D'installer un service d'observation des lignes ennemies;

De reconstituer des réserves et d'éviter l'entassement sur la 1ʳᵉ ligne;

Le tracé de la 1ʳᵉ ligne ne doit pas être maintenu tel qu'il a été déterminé par l'arrêt des tirailleurs; le chef de bataillon le fait rectifier de façon à assurer de bons flanquements et à permettre la préparation de notre Artillerie sur la position ennemie.

Ces modifications, qui se feront généralement de nuit, résulteront d'une reconnaissance *personnelle* du chef de bataillon.

En arrière de la 1re ligne, les réserves organiseront immédiatement une série de points d'appui formant 2e ligne.

Le poste de commandement du chef de bataillon doit être choisi de façon à bien voir le terrain et à avoir des liaisons faciles avec ses compagnies. Le choix de l'observatoire doit donc précéder celui du poste de commandement. Le téléphone, les postes optiques, les signaux, les relais sont employés concurremment pour assurer les liaisons.

Le Chef de bataillon s'attache à renseigner rapidement son colonel sur sa situation exacte. Il lui indique en particulier les observatoires d'où il sera possible de régler le tir de l'artillerie et surtout les tirs de barrages qui sont à organiser au plus tôt.

LE RÉGIMENT.

Le colonel doit conduire le combat de son régiment.

Il n'attaquera donc presque jamais avec ses trois bataillons accolés.

La formation généralement adoptée est : deux bataillons en 1re ligne, un bataillon en réserve, ou inversement. Quelquefois, les trois bataillons pourront être placés l'un derrière l'autre, en particulier dans la marche d'approche des régiments de 2e ligne.

Le colonel précède son régiment tant qu'il n'est pas engagé ; il marche ensuite devant son ou ses bataillons de réserve.

Il est toujours accompagné d'un détachement téléphonique disposant également d'appareils optiques et de fanions. Il a, en outre, un petit détachement de pionniers chargé de lui aménager un abri.

PLAN D'ENGAGEMENT.

Le colonel établit son plan d'engagement d'une manière analogue à celui du chef de bataillon. L'idée de manœuvre indiquée précédemment à propos du bataillon, prend pour le régiment une importance plus grande encore ; elle détermine le dispositif des bataillons, ainsi que leur mission.

Les compagnies de mitrailleuses sont employées offensivement et défensivement d'après les prescriptions de la note n° 13.251 du 24 novembre 1915, c'est-à-dire pour étayer un front, couvrir un flanc ou parer à un événement imprévu. Il y a souvent intérêt à en répartir un certain nombre entre les bataillons. Leur emploi doit être prévu d'une façon très large afin d'économiser l'infanterie.

LE COMBAT.

Tout ce qui concerne l'action du chef de bataillon au combat s'applique au colonel, mais dans une mesure évidemment plus large. Le colonel peut se borner à donner à ses chefs de bataillon des directions et des missions, comme il peut être amené également à entrer dans plus de détails, suivant le caractère de chacun d'eux.

Le colonel surveille l'engagement de ses bataillons de 1re ligne, rectifie les erreurs, répare les oublis et s'attache à être parfaitement renseigné sur tout ce qui se passe dans sa zone d'action. Il veille en particulier à la liaison avec les unités voisines et à la reconstitution des réserves.

La mission la plus importante du colonel consiste à *assurer à son infanterie un appui efficace de l'artillerie*. Ce résultat sera obtenu si le colonel est à même d'indiquer à tout moment à l'Artillerie :

1° L'emplacement exact de la 1re ligne de son régiment;

2° Les points situés en avant de cette ligne sur lesquels l'Artillerie doit tirer;

3° Les observatoires.

Il est donc de la plus haute importance que le colonel ait des *liaisons* intérieures et un service d'*observation* fonctionnant parfaitement.

Les renseignements ci-dessus seront transmis au général de division par l'intermédiaire du général de brigade. Si une unité d'Artillerie a été attribuée en propre au régiment, ils sont donnés au commandant de cette unité.

Lorsque le régiment est arrêté devant une position qu'il ne peut enlever avec ses seules forces, le colonel arrête les grandes lignes de l'organisation générale du terrain, laissant les détails d'exécution à ses chefs de bataillon. Il se préoccupe immédiatement de faire organiser des barrages d'Artillerie en avant de son front et s'il y a lieu sur ses flancs. Il doit, dans ce but, renseigner le commandement sur sa situation et lui indiquer les observatoires.

Il organise ensuite le ravitaillement en matériel de toute nature, fils de fer, grenades, etc., et particulièrement en bombes de 58 si ces engins ont été mis à sa disposition.

En résumé, le rôle du colonel consiste, une fois les missions de chacun définies, à développer à l'extrême la puissance de sa troupe :

En mettant à la disposition de ses chefs de bataillon tous les moyens qui leur sont nécessaires;

En assurant la liaison avec l'Artillerie;

En reconstituant des réserves.

LA BRIGADE.

Il n'est pas possible de formuler une règle générale au sujet des formations de la brigade. Elles dépendent essentiellement de la mission et des circonstances locales. Il est généralement avantageux d'accoler les deux régiments afin de faciliter l'action du commandement.

Le plan d'engagement est établi ainsi qu'il a été exposé précédemment. Le général de brigade règle l'emploi des mitrailleuses de brigade qui, sauf circonstances exceptionnelles, ne doivent pas être réservées. (Il paraît indiqué à ce sujet de les mettre à la disposition des régiments suivant leurs missions.)

L'organisation des liaisons, d'une part, avec les colonels, d'autre part avec l'Artillerie s'il y a lieu, est une des parties les plus importantes du plan d'engagement. Le général de brigade doit établir une sorte de plan d'ensemble des liaisons. Il est possible de prévoir à l'avance un certain nombre de dispositions, de nature à augmenter la rapidité et la sécurité des communications : emplacement des futurs postes de commandement et des postes optiques, itinéraires à suivre pour l'établissement des lignes téléphoniques, approvisionnement de perchettes destinées à l'installation des lignes, constitution d'équipes de surveillance des lignes [1], principalement aux points de passage, etc.

Pendant le combat, le général de brigade doit décharger le général de division du souci de la conduite de l'Infanterie. A cet effet, il s'efforce d'être toujours au courant de la situation exacte de ses troupes, des difficultés qu'elles rencontrent, des détails qui arrêtent leur mouvement. Il tient le général de division au courant de la marche du combat par de fréquents comptes rendus.

Le général de brigade place son poste de commandement dans un endroit facile à trouver, disposant de bonnes communications. Il se fait organiser un abri par un petit détachement de sapeurs qui marche avec lui. Il dispose également de téléphonistes et signaleurs avec le matériel nécessaire.

J. JOFFRE.

---

[1] Territoriaux mis par les divisions à la disposition des brigades.

ANNEXE

À L'INSTRUCTION SUR LE COMBAT OFFENSIF

DES PETITES UNITÉS.

PROCÉDÉS D'INSTRUCTION.

Les procédés d'instruction se classent en 2 catégories :

Les *exercices d'évolution*, qui font acquérir *à la troupe* la souplesse et la rapidité dans la manœuvre ;

Les *exercices de combat* qui ont pour objet l'étude de cas concrets, d'épisodes de combat relatifs à l'exécution d'une attaque ou à la défense d'un front.

Les exercices de combat assurent *le dressage non seulement de la troupe*, mais *surtout des cadres*.

Exercices d'évolution.

Sont exécutés spécialement par les petites unités : demi-section, section, compagnie.

Dans le dressage préparatoire, il y a lieu d'insister principalement sur :

— L'exécution du bond de tirailleur : travail individuel, puis en groupe ;

— Le franchissement des obstacles : réseaux de fils de fer, tranchées, murs, palissades, etc.;

— La marche *en ordre* à vive allure, sur un très long parcours, à travers des obstacles divers ;

— Les changements de formation rapides;

— Le maniement d'armes (y compris l'escrime à la baïonnette).

Exercices de combat.

Tout exercice de combat n'étant autre chose que la répétition d'un épisode de guerre, nécessite forcément une *préparation*. Pour les petites unités, il suffira souvent de quelques instants de réflexion; pour la compagnie et les unités supérieures, la préparation demandera plus de temps ; elle comportera fréquemment une reconnaissance préalable, voire même un truquage du terrain.

On ne saurait préparer ces exercices d'une façon trop soignée, en raison de leurs excellents résultats.

Les positions ennemies seront soit indiquées, soit figurées par un moyen approprié, fanions, jalonneurs, etc. L'ennemi sera parfois représenté, *mais on évitera les manœuvres à double action*. On fera recommencer les mouvements mal exécutés.

Afin de permettre à chaque Chef d'unité d'exercer le commandement de sa troupe, les fonctions de Directeur seront remplies par le Chef de l'unité supérieure.

Les exercices de combat comprendront pour la section et la compagnie des attaques de points d'appui, des débouchés, des contre-attaques, des occupations et organisations de position. Les capitaines n'auront qu'à puiser dans leurs souvenirs pour trouver des épisodes intéressants. La compagnie exécutera en outre des exercices d'attaque sur une profondeur de 2 à 3 kilomètres (assauts successifs entrecoupés de marches d'approche).

Les exercices de combat du bataillon doivent être fréquents ; on s'attachera à obtenir une exécution parfaite dans l'ensemble comme dans les détails. Ils consisteront dans la conduite d'un combat de bout en bout pour des bataillons de première ligne et de deuxième ligne sur une profondeur de 3 à 4 kilomètres. Le Directeur fera naître des incidents variés sur le front, sur les flancs ; habituera à une remise en ordre rapide au cours d'arrêts d'une courte durée ; fera enfin organiser le terrain conquis au contact de la nouvelle ligne ennemie.

Le dressage du bataillon au combat est une chose capitale. On ne saurait y apporter trop de soins.

Les exercices de régiment [1] (marches d'approche et combat) devront être exécutés fréquemment en combinaison avec l'Artillerie. Lorque celle-ci ne pourra être représentée effectivement, elle sera toujours figurée au moins par quelques hommes, de façon à faire fonctionner les liaisons.

Il y aura d'ailleurs intérêt à effectuer des exercices de cadres de régiment [1], exclusivement consacrés au déplacement des organes de commandement, à l'installation et au jeu des liaisons.

Toutes les unités devront exécuter également des exercices de nuit.

On veillera avec le plus grand soin au bon ordre et à la

[1] Éventuellement de brigade.

rapidité d'exécution. On cherchera à donner aux hommes et aux Chefs la notion de la surprise.

Les exercices seront toujours suivis de quelques mouvements d'ordre serré, destinés à la remise en mains de la troupe.

Observation générale.

Les résultats à rechercher dans le dressage de la troupe ne s'obtiennent pas par la répétition de séances fastidieuses d'exercices.

Ils sont le fruit d'une *série d'efforts*, raisonnés et méthodiques, *chaque exercice ayant un but utile et comportant un enseignement.*

www.ingramcontent.com/pod-product-compliance
Lightning Source LLC
Chambersburg PA
CBHW060818280326
41934CB00010B/2737